O PAI NOSSO

Marcellus Campêlo

O PAI NOSSO

pelo Espírito Joel

2ª EDIÇÃO

Manaus, AM
CASA BENDITA
2014

© 2011 Fundação Allan Kardec

Todos os direitos de reprodução, cópia, comunicação ao público e exploração econômica desta obra estão reservados única e exclusivamente para a Fundação Allan Kardec (FAK). Proibida a reprodução parcial ou total da mesma, através de qualquer forma, meio ou processo eletrônico, digital, fotocópia, microfilme, Internet, CD-ROM, sem a prévia e expressa autorização da Editora, nos termos da Lei nº 9.610/98, que regulamenta os direitos do autor e conexos.

Dados Internacionais de Catalogação na Publicação (CIP)

Joel (Espírito).
    O Pai Nosso / pelo espírito Joel; [psicografado por] Marcellus Campêlo. - 2. ed. - 1ª reimpressão. Manaus: Casa Bendita, 2014.
    90 p.

    ISBN 978-85-65300-01-8

    1. Espiritismo. 2. Psicografia. I. Campêlo, Marcellus. II. Título.

CDD 133.93

Composição e editoração

Casa Bendita
Fundação Allan Kardec (FAK)
Av. Mário Ypiranga, 1507, Adrianópolis
69057-001 – Manaus, AM – Brasil
Fone: (92) 3642-6638
http://www.faknet.org.br
presidenciadc@faknet.org.br

Projeto gráfico: Edson Queiroz, Gleise M. T. de Oliveira e Jefferson Rebello

Ilustrações: Edson Queiroz

2ª edição - 1ª reimpressão - do 3º ao 4º milheiro

O produto da venda desta obra é destinado à manutenção
das atividades assistenciais da FAK, de Manaus, AM,
e da Sociedade Espírita Boa Nova, de Catanduva, SP.

Sumário

7 | PREFÁCIO

13 | O PAI NOSSO

19 | PAI NOSSO QUE ESTÁS NO CÉU

25 | SANTIFICADO SEJA O TEU NOME

35 | VENHA A NÓS O TEU REINO

43 | SEJA FEITA A TUA VONTADE, ASSIM NA TERRA COMO NO CÉU

51 | O PÃO NOSSO DE CADA DIA NOS DÁ HOJE

59 | PERDOA AS NOSSAS OFENSAS, ASSIM COMO NÓS PERDOAMOS AOS QUE NOS TÊM OFENDIDO

67 | NÃO NOS DEIXES CAIR EM TENTAÇÃO

75 | MAS LIVRA-NOS DO MAL

83 | ASSIM SEJA!

Prefácio

Ao iniciar o processo de editoração de *O Pai Nosso* – segundo livro ditado pelo Espírito Joel ao médium Marcellus Campêlo – inspirada pela relevância dos ensinamentos contidos na oração dominical, a Comissão Editorial de Casa Bendita, editora da Fundação Allan Kardec[1], identificou um vínculo *sui generis*, em cada passagem-título, com o estilo de vida do povo ribeirinho da Amazônia.

Na ocasião, foi lembrado que o objetivo primeiro da editora é difundir a Doutrina Espírita na região amazônica. Nada mais

---

[1] A FUNDAÇÃO ALLAN KARDEC, abreviadamente FAK, fundada em 21 de outubro de 1979, é uma organização religiosa espírita e também de caráter científico, filosófico, beneficente, educacional, cultural, de assistência social e espiritual, sem finalidade lucrativa, sediada na cidade de Manaus, AM, sendo de Utilidade Pública Municipal, conforme Lei n° 315, de 11 de dezembro de 1995.

O Pai Nosso

acertado, portanto, que homenagear o rincão abençoado do planeta que há séculos acolhe nossos esforços de aprendizado e iluminação. Assim, decidiu-se associar o projeto gráfico da obra às características próprias desta terra.

Muito se fala da grandeza da Amazônia, da riqueza de sua biodiversidade, do volume de seus rios e da pujança de suas florestas. No entanto, o elemento humano presente e atuante na região nem sempre é lembrado e, se o é, quase nunca as referências são positivas. As ações de poluição, desmatamento e degradação do meio ambiente despertam mais atenção.

O caboclo ribeirinho é um típico habitante do interior amazônico. Vivendo sempre à beira de um curso d'água e sobrevivendo com os recursos naturais ao seu redor, ele traz em sua constituição as influências do índio e das diversas culturas presentes na região.

Prefácio | 9

Sua simplicidade é apenas aparente. Ele não vive na floresta, mas sim com a floresta, comungando de seus ciclos, de suas riquezas, de sua essência. Plenamente integrado ao ambiente em que habita, seu modo de vida sempre esteve adaptado às circunstâncias da natureza, antes mesmo de essa preocupação ganhar a amplitude que hoje possui.

Reverente ao Criador, sabe respeitar as manifestações naturais, adequando seus dias e suas atividades às múltiplas mutações do ambiente: cheias, vazantes, estiagens, sazões, épocas. Em sua sabedoria ancestral, sabe que há o momento certo para tudo: plantar, colher, pescar, amadurecer, crescer. Cada pequeno ato do caboclo traduz, portanto, sua religiosidade autêntica – afinal de contas, ele vive no maior santuário natural do planeta.

Cada capítulo de *O Pai Nosso* ganha singular significado quando interpretado à luz dos gestos singelos do cotidiano do nosso povo. As imagens que ilustram esta obra buscam mostrar a intensa ligação do morador da floresta com o Divino, expressando a mesma naturalidade com que a mensagem do amor nos foi revelada pelo Excelso Semeador. Elas foram especialmente criadas para esta obra, e contaram com a inspiração e a sensibilidade de trabalhadores da FAK, os quais encontraram nessa realização uma oportunidade para entregar o seu óbolo por meio das artes visuais.

Assim, na tentativa de buscarmos o Pai Nosso que está no céu, aproximamo-nos de nossos irmãos ribeirinhos e tivemos a oportunidade de santificar o Verbo que se fez vida, trazendo aos nossos corações o reino de amor pelo olhar lançado àqueles simples que fazem a vontade de Deus. É com o sentimento de gratidão a Jesus pelo amparo espiritual, que os integrantes da Fundação

Allan Kardec, jubilosos, apresentamos aos habitantes da Amazônia, e quiçá ao mundo, a obra *O Pai Nosso*.

Manaus, 1º de novembro de 2012.

Comissão Editorial

O Pai Nosso

A oração é poderosa arma contra o desânimo, a melancolia, a obsessão e a falta de fé. Quem ora habitualmente aplica sobre si mesmo remédio constante, que fortalece a alma diante das dificuldades da vida e conecta o Espírito diretamente a Deus, proporcionando paz ao coração. Os apóstolos e seguidores de Jesus, vendo que o Mestre diariamente se recolhia para orar, suplicaram ao Senhor que os ensinasse a realizar uma oração realmente eficaz, em contraposição às repetições de palavras que os hipócritas da época costumavam alardear nos templos e nas ruas. Apesar de diretamente não ter deixado nada escrito para nós, o Cristo Jesus sabia que, ao formular uma oração-modelo para os homens, fatalmente essa oração seria utilizada pela posteridade como fórmula ritualística, como assim ocorreu. Senão por isso que o Senhor recomendou, em complemento, que façamos as nossas preces sem ostentação, de forma íntima e recolhida, sem a repetição automática de palavras[2], mas com sinceridade no coração, apresentando-nos humildemente a Deus, como Espíritos falidos que ainda somos.

A oração do "Pai Nosso", como passou a ser conhecida, possui uma rica e bela contribuição de Jesus às nossas vidas, pois se apresenta como o modelo de oração diretamente ofertado pelo Cristo para que a nossa ligação com Deus seja a melhor possível. Cabe a todos nós que a utilizamos, muitas vezes por hábito ou pela consciência pesada por séculos de condicionamentos ritualísticos, examinarmos a oração dominical com mais profundidade, quando descobriremos um mar de possibilidades divinas em cada frase ditada

---

[2] **Nota da Editora:** Mateus 6, 5 a 8.

por Jesus. Desde a revelação de que Deus é Pai, reconhecendo a sua grandeza e a nossa pequenez, até as súplicas do pão de cada dia, da misericórdia do Senhor e da proteção contra o mal, encerra o "Pai Nosso" ensinamentos belos e profundos, sobre os quais todos podemos nos deter em necessária reflexão, a fim de não nos tornarmos máquinas repetidoras de fórmulas que sirvam como placebos.

Esta sequência de páginas simples e despretensiosas é, portanto, o compartilhamento de nossos pensamentos acerca de cada frase que compõe a mais bela, simples, concisa e eficaz prece já proferida no mundo. Não é um trabalho novo, decerto, pois que muitos teólogos já se debruçaram sobre a oração de Jesus para dissecá-la ao máximo. Trata-se apenas de mais uma pobre contribuição, como óbolo deste humilde servo do Evangelho, que tenta caminhar seguindo as pegadas inconfundíveis do Cristo.

Ao ler estas páginas de emoção, poderá o paciente leitor perceber que a todos nós concede o Senhor a possibilidade de uma reflexão íntima sobre as bênçãos que Ele nos envia diariamente. Quase sempre, todavia, nos entregamos ao automatismo do dia moderno, no qual nos esquecemos de que somos herdeiros da obra do Criador, portanto, responsáveis também por ela. Essa responsabilidade, quando consciente em nós, nos impele à reflexão quanto ao nosso comportamento diante das leis de Deus. Por meio de uma simples análise da oração ensinada pelo Cristo, podemos reforçar os laços espirituais que nos ligam a Deus, fortalecendo-os para a vida e para a nossa missão na Terra, que é sermos felizes pela felicidade que proporcionarmos aos outros.

Assim, este é um convite para que tu pares um pouco, diminuindo o ritmo das tuas atividades no mundo, com o intuito de que te voltes às atividades de teu mundo interior, em análise necessária se estás construindo a paz dentro de ti, único meio de realmente seres feliz na Terra. Eleva, pois, o pensamento a Deus, e pronuncia cada frase do "Pai Nosso" com sentimento de amor filial e com o entendimento indispensável ao teu equilíbrio espiritual, quando poderás, depois, voltar-te para o mundo e trabalhar em favor dos outros, oportunidade em que realmente estarás edificando a tua felicidade onde quer que estejas.

Manaus, 18 de novembro de 2010
Joel

"Pai nosso que estás no céu..."

Antes de Jesus, o único povo monoteísta do planeta ainda se portava diante de Deus com temor, distanciando-se do seu infinito amor, mais em uma relação amo-servo que em uma relação pai-filho. A oração dominical ensinada por Cristo Jesus[1] representa a mudança desse paradigma que até então vigia no sentimento humano. Ao escandalizar a sociedade da época chamando Deus de Pai[2], o Mestre Divino nos mostrou como deveríamos nos comportar diante de nossas obrigações de consciência e ante a lei maior da vida.

Como filhos de Deus, passamos a herdar toda a sua criação, tornando-nos também responsáveis pela manutenção de sua integridade. Como filhos de Deus,

---

[1] **Nota da Editora:** Mateus 6, 9 a 13.
[2] **Nota da Editora:** João 5, 18.

passamos a constituir a grande família universal, na qual não existem barreiras pela cultura, pela língua ou pelas delimitações territoriais. Como filhos de Deus, passamos a ter o compromisso de amarmo-nos uns aos outros, simplesmente porque passamos a ter a consciência de sermos irmãos. Jesus inaugurou uma nova era para a humanidade apenas por nos fazer compreender que Deus é nosso Pai. Essa compreensão abriu novos horizontes, ampliando as nossas convicções arcaicas, libertando-nos do medo do Deus cruel e vingativo, para passarmos a conviver, no íntimo, com o Deus que nos ama e sempre nos quer bem, como assim o fazem todos os pais para com seus filhos.

Como pai, Deus nos coloca no mundo para que aprendamos a viver, a crescer e a trabalhar, como também para que sigamos nossos caminhos pelas nossas próprias escolhas, assumindo responsabilidades por elas. Como pai, Deus nos ajuda por meio de mestres e de escolas que auxiliam a nossa caminhada. Como pai, Deus nos ampara nos momentos das dificuldades, das dores e das decisões mais difíceis. Como pai, Deus não nos condena eternamente, mas antes nos faz levantar, fortalecer e viver novas oportunidades de recomeçar a lição do ponto de onde estacionamos[3]. Como pai, enfim, Deus nos ama incondicionalmente e nunca nos abandona, mesmo que nos afastemos temporariamente do seu amor.

A oração ensinada por Jesus nos mostra que a gratidão a Deus deve ser contínua, por tudo o que Ele nos proporciona e por tudo o que Ele nos dá, esperando apenas que sejamos felizes. Deus está "no céu", que é a representação do seu reino de amor, velando por nós sem parar, na certeza de que, apesar de nossa teimosia e das quedas infantis,

---

[3] **Nota da Editora:** ver a questão 118, de O Livro dos Espíritos.

cresceremos e nos tornaremos como Jesus – símbolo do amor e modelo de irmão mais velho, que nos ensina o que já aprendeu.

Portanto, se hoje caminhas pensando no pai terreno com quem não tens mais o privilégio do convívio ou se ages como filho abandonado, achando que não possuis família na Terra, ou, ainda, se decidiste desistir de valorizar a instituição honrada da família na sociedade em que vives, lembra-te de que Deus está no céu como teu Pai amoroso e perfeito, olhando por ti, e que Ele constantemente te oferece todas as oportunidades de que precisas e que mereces para que tu construas, com tuas próprias forças, a tua felicidade, em gratidão filial sublime por tudo o quanto recebes como filho divino que também és[4].

---

[4]**Nota da Editora:** ver o capítulo II, item 20, de A Gênese.

"...Santificado seja
o teu nome..."

Da relação filial que possuímos com Deus, decorre que também somos herdeiros de seu "nome". Na comparação simplória e simbólica da responsabilidade do homem em utilizar o "nome" de Deus como indicador de sua origem divina, assim como o sobrenome no mundo indica a origem mais ou menos nobre de um ente de uma família na sociedade, podemos refletir sobre a importância de reconhecermos a necessidade que temos de santificar o nome do Senhor em todos os atos de nossas vidas. Quando Jesus pronunciou essas palavras, não estava apenas cumprindo uma regra judaica, a qual determinava que o homem tivesse o máximo de respeito ao pronunciar o nome de Deus[5]. O Mestre Divino, também, nos

---

[5] **Nota da Editora:** Êxodo 20, 7.

mostrou que o segredo da felicidade está em nos habituarmos a santificar a nossa relação com o Criador.

Durante sua curta história neste planeta, o homem procurou homenagear a Deus sempre de acordo com a sua cultura e com o seu entendimento, que era, por sua vez, relativo ao seu estado evolutivo. Eis porque, no início, Deus era comparado às forças da natureza, quando recebia nomes que enfatizavam a relação do divino com as intempéries, com as estações do ano, com os fenômenos cataclísmicos ou ainda com tragédias de grandes cheias ou áridas secas.

Com o povo de Moisés, o homem aprendeu que Deus era único, mas ainda não compreendeu que Ele não poderia possuir atributos iguais aos dos homens, principal- mente aqueles relacionados com as suas imperfeições, como a cólera, a vingança, o

"...Santificado seja o teu nome..." 29

egoísmo e o orgulho, traços geralmente atribuídos ao Senhor, quando "ordenava" que se dizimasse os povos que estavam no caminho hebraico durante a marcha em busca da terra prometida[6]. Assim, batizou Deus de Yaveh, para tentar distingui-Lo dos demais deuses dos pagãos e também porque o povo ainda necessitava, em sua ignorância, de se arraigar ao menos a um nome, já que lhe fora proibido o culto às imagens, ao que estava habituado[7].

A partir da compreensão do Deus-Pai que Jesus nos ofertou, mostrando que a porta da casa do Senhor só pode ser aberta com a chave do amor, passou o homem a desligar-se de nomear o Criador antropomorficamente, para chamá-Lo simplesmente de "Deus", inaugurando a era da santificação do seu nome, por meio do Evangelho de Nosso

---

[6] **Nota da Editora:** Deuteronômio 7, 1 a 2 e capítulo IV, item 11, de O Evangelho Segundo o Espiritismo.
[7] **Nota da Editora:** Êxodo 20, 4 a 5.

Senhor Jesus. A santificação do nome de Deus, portanto, é exercício diário dos ensinos do Cristo, diante das facilidades ou dificuldades que a vida nos apresenta. Santificamos o nome de Deus quando nos voltamos ao autoconhecimento para perceber quem somos, qual o nosso destino e o porquê de estarmos vivendo esta ou aquela situação, convivendo com esta ou com aquela criatura que nos proporciona felicidade ou tristeza.

Nessa busca por respostas, santificamos o Senhor quando vemos a necessidade de nos amarmos, cuidando de nosso corpo e de nossa alma para que sejamos instrumentos de transformação do meio em que vivemos, fundamentados no amor universal pregado por Jesus. Nessa relação íntima conosco, passamos inevitavelmente à necessidade de santificarmos o nome de Deus, reconhecendo que, sem o convívio com o nosso próximo, não teremos campo onde possamos

"...Santificado seja o teu nome..."

experimentar tudo o que aprendemos sobre nós[8]. Assim, o nome do Senhor é santificado quando seguimos o mandamento milenar de amarmos o nosso próximo como a nós mesmos[9].

Pela compreensão de nossas dificuldades ou de nossas virtudes é que passamos a entender que o nosso próximo também passa pelo mesmo processo evolutivo que experimentamos, e que ele também é filho de Deus, como nós somos, portanto, nosso irmão na imortalidade. Santificamos a Deus quando olhamos para esses nossos irmãos com o mesmo olhar misericordioso que temos para conosco, quando facilmente esquecemos as nossas faltas e continuamos a caminhar. Santificamos o nome de Deus quando amparamos os irmãos nas necessidades, ofertando-lhes ósculos de nossas

---

[8]Nota da Editora: ver a questão 768, de O Livro dos Espíritos.
[9]Nota da Editora: Mateus 22, 39.

possibilidades materiais ou morais, desde que haja o sacrifício real de nossos interesses em favor da melhoria do outro. Santificamos a Deus quando praticamos, enfim, a lei de justiça, de amor e de caridade[10], ensinada e exemplificada por Jesus para que tivéssemos, como temos hoje, uma bússola segura a nos guiar, que é o seu Evangelho de amor.

Dessa forma, se hoje procuras no mundo exterior o remédio para as tuas angústias e a fonte da tua felicidade, para um pouco e medita na necessidade primeira de santificares o nome de Deus dentro de ti mesmo. Percebe o ser maravilhoso que és e a infinita possibilidade que Deus te concede para que sejas feliz, onde quer que te encontres. Vê que és o senhor da tua própria vontade e que depende somente de ti engendrar a transformação essencial para a

---

[10] **Nota da Editora:** ver o capítulo XI, parte 3ª, de O Livro dos Espíritos.

tua vida. Olha ao teu redor e nota que Deus te presenteou com as ferramentas necessárias e adequadas para que construas a tua felicidade, na medida certa que hoje podes usá-las nesta edificação. Sem atropelos e pressa, inicia a tua caminhada com o primeiro passo, que é o reconhecimento da importância de Deus na tua vida e de que, sem Ele, nada poderás construir de forma sólida e duradoura.

Santifica o nome de Deus, portanto, transformando-te diariamente em instrumento divino e em operário do Cristo Jesus na construção do reino dos céus, que um dia se fará presente em sua totalidade e grandeza em todo o nosso lindo planeta Terra.

"...Venha a nós o teu reino..."

A vinda de Jesus ao nosso orbe marcou o início da instalação do reino de Deus no coração dos homens. Com Moisés, a Terra foi arada e preparada convenientemente para a ação do Divino Semeador. A semente do Evangelho é, pois, a chave que nos abrirá a porta de acesso ao reino do Senhor e nos permitirá viver a felicidade que tanto buscamos alcançar, quer estejamos no plano da vida maior, quer nos encontremos encarnados para o necessário aprendizado evolutivo.

Quando esteve entre nós, Jesus nos orientou, fazendo-nos entender que a felicidade não pertencia a este mundo, o qual ainda estagiava na barbárie e nos primórdios da evolução da consciência humana para com as realidades espirituais. Apesar de ter evoluído

O Pai Nosso

pouco, não obstante o notório progresso intelectual, o homem já não poderá mais alegar desconhecimento das verdades eternas quando lhe for pedido contas do que fez enquanto aqui esteve. A missão do homem consciente, portanto, é trabalhar no campo do Senhor para que as sementes que proporcionarão a vinda do reino dos céus para os planos material e espiritual da Terra sejam cultivadas, e que elas gerem frutos, multiplicando-se a cem por um[11].

Trabalhar pela instalação do reino de Deus aqui é fazer cumprir em nosso dia a dia a lei de amor e caridade ensinada por Jesus. É preciso, primeiramente, que os alicerces desse reino sejam fixados em nosso coração, para que depois, de forma natural, com a união pela fraternidade que advirá, toda a obra do Senhor seja edificada e definitivamente inaugurada na Terra. Ao pronunciar essa

---

[11] **Nota da Editora:** Mateus 13, 4 a 9.

pequena frase na inesquecível oração dominical, o Cristo Jesus ensina que o homem deve ter a esperança na vida futura, mas também que ele somente será feliz se hoje trabalhar para que, dentro de si e ao seu redor, o reino de Deus esteja operando.

Muitos aguardam ainda um reino físico de bonança e de eterna contemplação e ociosidade, como se o trabalho fosse castigo para o homem e o reino de Deus fosse lugar para o descanso eterno. Como o homem pode querer descansar indefinidamente se mesmo Deus não cessa jamais de trabalhar[12]? Como pode o homem querer que externamente o reino de Deus se manifeste se, no íntimo, o seu coração ainda é egoísta e orgulhoso? Engana-se aquele que espera pela ociosidade e pela contemplação, ou ainda que julgue ser merecedor do reino dos céus somente porque segue os convencionalismos

---

[12] **Nota da Editora:** João 5, 17.

40 | O Pai Nosso

de sua sociedade ou de sua religião, adotando hábitos repetitivos, que mais servem de fugas psicológicas à consciência atormentada pelos inúmeros erros do passado falido, que de verdadeira e eficaz atitude de autoiluminação.

O trabalho caridoso e desinteressado; a preocupação com os problemas do próximo, com a consequente ação para atenuá-los; a prática do perdão que esquece a falta de outrem; o sorriso sincero e o equilíbrio que harmonizam nos momentos de provas; o ensino pelo exemplo edificante; a disciplina que se limita pela fraternidade; a fraternidade que não esquece a disciplina; e o combate constante à preguiça mental e física são atitudes que colaboram com Deus na construção desse reino que um dia aqui viveremos. Cada um fazendo a sua parte, colocando o seu tijolo de colaboração, e o prédio divino será erguido, pela união dos esforços e da boa vontade do homem.

"...Venha a nós o teu reino..."

Se hoje ainda aguardas passivamente que o reino de Deus venha até ti, medita nas tuas atitudes diárias, indagando a ti mesmo o que tens feito para que a obra do Criador cresça no mundo. Se chegares à conclusão de que não fazes nada, ou ainda, se o que fazes é pouco diante de tuas possibilidades, atende aos imperativos da tua consciência e esforça-te no necessário trabalho íntimo da mudança de hábitos para o bem, o que ensejará a oportunidade de te consagrares às necessidades do teu próximo. Quando o teu coração estiver habilitado a amar indistintamente e cada gesto teu for em favor da felicidade daqueles que contigo estiverem convivendo, compreenderás, assim, que já estarás em verdade habitando o reino do Senhor.

"...Seja feita a tua vontade, assim na Terra como no céu..."

Há muito tempo transita o homem na Terra querendo impor a materialização de sua vontade. Quando essa imposição, contudo, é contrária à vontade de Deus, invariavelmente o homem descamba para o sofrimento, seja no campo físico, seja no campo moral. A liberdade de que goza a humanidade, proporcionada pelo Criador por intermédio da bênção do livre-arbítrio, muitas vezes é confundida por nós como "poder" de violar as leis imutáveis do Senhor, quando, enceguecidos pelo orgulho e pelo egoísmo que nos marcam a infância espiritual, construímos um rol de vontades humanas a satisfazer, que nos faz estacionar o processo evolutivo. Enquanto não compreendemos que acima de nossas vontades existe a vontade de Deus, sofremos pelas quedas constantes, em um longo período de aprendizado pela dor.

46 | **O Pai Nosso**

Em nosso estágio evolutivo mais primitivo, confundíamos a vontade de Deus com as nossas próprias e baseávamos todas as nossas crenças na satisfação dessas vontades que, em quase a totalidade do tempo, eram revestidas pela necessidade de suprirmos as nossas demandas de sobrevivência material, com pouca ou nenhuma compreensão das realidades da vida espiritual e de sua relação com a vida corpórea.

Com Moisés, o homem passou a entender que além de suas vontades existe a vontade de Deus, simbolizada, à época, pelo estabelecimento dos Dez Mandamentos[13], o primeiro código realmente divino para auxiliar o homem na compreensão do Deus único que, com aquele povo simples, começava a se fixar na mente humana. Todavia, o ser humano não conseguiu se desvincular da "dureza de seu coração"[14] para

---

[13]**Nota da Editora:** Êxodo 20, 3 a 17.
[14]**Nota da Editora:** Marcos 3, 5; 10, 5; 16, 14 e Mateus 19, 8.

> **"...Seja feita a tua vontade, assim na Terra como no céu..."**

fazer cumprir as ditas leis mosaicas com o alcance divino que elas encerravam. Mais uma vez, houve a interferência humana com o objetivo inconsciente de fazer valer a sua vontade, quando se interpretou a de Deus de um modo ainda deturpado, que feria a lei maior de amor.

Somente com a vinda de Jesus, em sua santa missão de nos fazer compreender o verdadeiro sentido da vontade do Senhor, é que passou o homem a ter um caminho seguro a seguir rumo à compreensão definitiva das leis de Deus. Ensina-nos o Mestre Divino que a vontade de Deus está escrita em nossa consciência e que essa vontade não nos pede senão que nos amemos como irmãos que somos. Com Jesus, aprendemos que fazemos a vontade de Deus na Terra quando, em um gesto de amor a nós mesmos, interessamo-nos mais pelos problemas do nosso próximo que pelos

48 | O Pai Nosso

nossos. A vontade de Deus no mundo é cumprida, também, quando perdoamos "setenta vezes sete"[15] a ofensa sofrida; quando devolvemos com um sorriso a agressão recebida; quando lutamos pela justiça em favor dos mais fracos; quando mitigamos no outro a fome, a pobreza, a miséria, a ignorância; e quando fortalecemos a esperança daqueles que nos cercam, orientando-os no bem e para o bem.

Atualmente, o ser humano dispõe da compreensão dessas luzes do Cristo, complementadas pelas luzes irradiadas das vozes que fazem a vontade de Deus no céu. Em um intercâmbio incessante, eis que as vozes do mundo maior, sob as bênçãos de Jesus, levantam-se dos túmulos para que o homem compreenda que a vontade do Senhor, que é cumprida na Terra, é derivada daquela planejada e executada no céu, em

---

[15] **Nota da Editora:** Mateus 18, 22.

uma harmonia bela, perfeita e, por isso, divina. Tudo o que fazemos no plano material tem reflexo no mundo espiritual[16] quando para lá retornamos e desfazemos a nossa bagagem espiritual, que será sempre mais rica quanto maior for o nosso nível de atendimento à vontade do Pai que "está no céu".

Assim, se hoje exerces alguma influência no mundo sobre um grupo grande ou reduzido de pessoas, medita se o que tens ensinado ou determinado a ele deriva da tua vontade ou da vontade de Deus. Se lideras uma frente de irmãos nos rumos santos da religião, seja ela qual for, é necessária a reflexão se a vontade de Deus está sendo cumprida, para que tu não sofras, de futuro, os imperativos da tua própria consciência, que certamente te cobrará a responsabilidade pelas ações que desenvolveste. Observa que

---

[16] **Nota da Editora:** Mateus 16, 19.

dentro de ti existe latente essa vontade divina, que te convida a exercer o amor ao teu próximo e a ti mesmo, único meio pelo qual trabalham o céu e a Terra para que, um dia, todas as nossas ações neste mundo sejam embasadas segundo a vontade de Deus.

"...O pão nosso de cada dia nos dá hoje..."

Deus concede ao homem a bênção das leis do trabalho e do progresso[17], ao contrário do que muitos pensam, não como um castigo, mas sim como o meio pelo qual o indivíduo burilar-se-á, cultivando em si o hábito de ser útil, bem como auferirá com suas próprias forças os recursos necessários para a aquisição do pão material e, principalmente, do pão espiritual.

O primeiro, igualmente importante para o aprendizado humano, deve ser conquistado levando-se sempre em mente a lei de amor de Deus. O pão material representa o de que precisa o homem para viver na Terra. Infelizmente, a maioria dos habitantes do mundo é hoje influenciada pelo vício da

---

[17] **Nota da Editora:** ver os capítulos III e VIII, parte 3ª, de O Livro dos Espíritos.

acumulação indefinida de riquezas, mesmo que isso seja efetuado em detrimento de outras pessoas. Na frase simples em que Jesus suplica a Deus o amparo maior, as palavras "cada dia" e "hoje" são indicativos claros de que o homem que desejar encontrar a verdadeira felicidade no mundo deve dar importância às riquezas na mesma proporção de que delas necessite. Não à toa que nos ensina o Espírito de Verdade que o mais rico é aquele que possui menos necessidades[18].

A preocupação com a subsistência própria e de seus entes é natural e faz parte do rol de compromissos do homem para consigo e para com seu próximo. Todavia, quase sempre acabamos consumindo todo o nosso tempo precioso de uma existência com a ideia fixa de amealhar recursos para proporcionar cada vez mais "conforto" à nossa família, em

---

[18] Nota da Editora: ver a questão 926, de O Livro dos Espíritos.

"...O pão nosso de cada dia nos dá hoje..." | 55

uma eterna criação de supérfluos, os quais teimamos em querer transformar em necessidades[19].

O segundo, o pão espiritual, é o alimento que devemos suplicar a Deus nos conceder, a cada dia, cabendo a nós fazer a nossa parte em poder absorvê-lo e conquistá-lo. A prece habitual; a leitura edificante e diária; a emissão de bons pensamentos a outrem; o hábito de utilizar o tempo do dia sempre com tarefas úteis e boas para nós mesmos e principalmente em favor de nosso próximo; o cuidado com o nosso corpo material; e o cumprimento de nossos deveres perante a sociedade são exemplos de como podemos nos alimentar com esse pão espiritual ofertado por Deus. Aliada às necessidades materiais, a saúde mental é fundamental para que nos mantenhamos equilibrados e aptos a executar o nosso papel

---

[19] **Nota da Editora:** ver a questão 716, de O Livro dos Espíritos.

no mundo, que é o de aprender e exemplificar o aprendizado, na constante relação com nossos semelhantes.

Quando o homem compreender que as preocupações de ordem material nunca devem ser a sua principal pauta de prioridades na vida, sabendo que Deus lhe proverá o pão material, caso dele seja merecedor pela dedicação à aquisição constante do pão espiritual, o mundo será mais justo e as desigualdades não existirão, porque imperará a lei de caridade no coração humano.

O mundo de regeneração, portanto, do qual todos devemos nos empenhar em ser um habitante, far-se-á na Terra quando os sinais claros da diminuição do egoísmo se fizerem presentes na ordem do dia do homem. No tempo em que todas as nações do planeta compreenderem que um povo não será feliz plenamente no mundo enquanto existir uma

"...O pão nosso de cada dia nos dá hoje..."

outra nação sofredora pela miséria e pela pobreza indigna, a Terra se elevará a essa condição de orbe regenerado[20], como residência de Espíritos dela merecedores.

Reflete, pois, tu que te encontras mergulhado em problemas gerados pela tua ambição de sempre possuir mais, que somente encontrarás o "conforto" no mundo quando as tuas necessidades mentais diminuírem. Medita no que já possuis e verifica o exemplo de Jesus, que nunca se interessou em acumular riquezas materiais no mundo[21], mas que é, sem dúvida, o ser mais rico desse planeta.

No exemplo do Mestre Divino, poderás constatar que a verdadeira riqueza do homem e a sua real necessidade é a de amar indefinida-

---

[20] **Nota da Editora:** ver o capítulo III, item 4, de O Evangelho Segundo o Espiritismo.

[21] **Nota da Editora:** Mateus 8, 20.

mente. Por isso, emprega todos os teus esforços no trabalho do bem, a cada dia, para exercitar esse amor sincero que já possuis no coração e, assim, amealharás riquezas no céu, distribuindo o teu pão espiritual a todos os que te cercam e que dele necessitam.

"...Perdoa as nossas ofensas, assim como nós perdoamos aos que nos têm ofendido..."

Perdoar é ação sincera em favor de nós mesmos. Comumente o homem exercita o perdão para consigo mesmo, quando esquece facilmente as faltas que comete, libertando-se provisoriamente do sentimento de culpa. Esse exercício é necessário para que o indivíduo não fique aprisionado em torno de suas ações menos nobres, prejudicando a sua marcha nas horas da vida.

Essa liberdade é sempre provisória porque o esquecimento de nossas faltas nunca é definitivo, ficando a nossa consciência encarregada de nos lembrar dos nossos compromissos, para que o reparo compulsório se faça presente e nos liberte para sempre da responsabilidade do mal praticado. Aquele que exercita o autoperdão com fins nobres, ou seja, com a consciência de que não pode mudar o passado, mas deve construir um futuro melhor, trabalha em favor de si mesmo, colaborando para o seu engrandecimento espiritual, o que necessariamente favorecerá também aqueles que o cercam.

A condicionante da súplica ensinada por Jesus na oração dominical é clara quando nos coloca frente a frente com a nossa consciência, na certeza de que Deus nos perdoa sempre, na medida em que nós façamos a nossa parte em permanecermos quites com a sua lei de amor, que rege tudo em nossa volta. O perdão dos erros do nosso próximo, com sincero esquecimento da falta cometida, é a nossa senha para que sejamos livres no mundo, vivendo as nossas experiências de aprendizado de forma a nos fortalecermos sempre.

"...Perdoa as nossas ofensas, assim como nós perdoamos aos que nos têm ofendido..."

Quando perdoamos o outro, tornamo-nos aptos à misericórdia de Deus, que sempre reconhece os esforços dos filhos que obram no cumprimento de seus desígnios. O exemplo de Jesus é para nós o exemplo do mais alto nível de perdão de que temos registro, tendo em vista o tamanho do sofrimento a que foi submetido, quando nada tinha a expiar. Mesmo tendo sido perseguido, humilhado, ofendido, torturado, julgado injustamente, abandonado por seus mais diletos companheiros e cruelmente crucificado, o Mestre Divino ainda nos perdoou, porque compreendia a nossa ignorância espiritual naquele momento de trevas no qual nos encontrávamos.

Ensina-nos Jesus que o perdão é condição para que possamos pedir algo ao Criador. Seja rogando o perdão de outrem, seja procurando o próximo para a necessária reconciliação "enquanto estivermos a caminho"[22], devemos sempre procurar tomar a iniciativa no processo de quebrar as algemas que nos prendem aos erros que cometemos ou ao sentimento de ódio ou de vingança que alimentamos por conta do erro do próximo. Ora estamos escravizados pelo remorso, ora nos aprisionamos nas teias do passado porque não conseguimos esquecer e perdoar nosso irmão. Enquanto não nos decidirmos a nos perdoar e a perdoá-lo, entretanto, teremos que caminhar com ele, caindo e levantando no sofrimento, até que paguemos o último ceitil[23].

Ainda há no mundo muitas criaturas que não compreendem a lei de amor ensinada por Jesus, sendo essa ignorância sempre mais passível de ser perdoada. Há que se ressaltar, contudo, que a maioria dos habitantes do planeta não poderá mais alegar a ignorância

---

[22] Nota da Editora: Mateus 5, 25.
[23] Nota da Editora: Mateus 5, 26.

"...Perdoa as nossas ofensas, assim como nós perdoamos aos que nos têm ofendido..."

em seu favor e será cobrada pelo mal que fez e principalmente pelo bem que deixou de fazer, uma vez que já teve contato com os ensinos do Cristo – seja de forma direta, pela leitura ou pelo estudo de seu Evangelho, seja por intermédio de outros mensageiros, que espalham seus ensinamentos, de outras formas, nas diversas culturas do mundo.

Portanto, se hoje te encontras aprisionado pelo remorso do erro cometido, limitando a tua caminhada, livra-te das algemas que te prendem e age no sentido de pedir perdão ou de se perdoar, procurando reparar o erro, se assim for possível, ou trabalhar no bem, para que tu inicies a tua jornada de reconciliação com a lei divina, inscrita na tua própria consciência[24]. Se alguém te ofendeu e isso te amargura o coração, lembra-te de Jesus e percebe que Ele nada mereceu, e sofreu em nossas mãos, mas nos perdoou, ensinando-nos o caminho paraa nossa felicidade.

---

[24] **Nota da Editora:** ver a questão 621, de O Livro dos Espíritos.

Assim, ama, esquece e perdoa aquele que te feriu e que, na verdade, é o instrumento de que Deus se utiliza para te presentear, a fim de que tu cresças e percebas dentro de ti mesmo esse ser repleto de amor, que é herdeiro da misericórdia divina, portanto, pleno da capacidade de constantemente amar, perdoando sempre.

"...Não nos deixes
cair em tentação..."

Durante a sua caminhada de aprendizado nas trilhas do mundo, o homem experimenta diversas vivências para que tenha a oportunidade de utilizar o seu livre-arbítrio[25], que é concedido por Deus para a sua libertação e que o faz senhor de si mesmo. Nessas vivências, o ser humano acumula, em sua bagagem espiritual, virtudes e vícios, amigos e inimigos que o acompanharão por longo tempo. É justamente dessa combinação de virtudes, vícios, amigos, inimigos e livre-arbítrio que o homem cria as condições para que se deixe cair em tentação.

O Mestre Jesus, ao enunciar essa frase na oração imorredoura, não nos explicita quais as tentações a que se referia. Isto ocorre

---

[25] **Nota da Editora:** ver a questão 843, de O Livro dos Espíritos.

O Pai Nosso

porque o Cristo tinha plena consciência de que as tentações que envolvem a atmosfera consciencial do homem são sempre relativas ao seu grau evolutivo. À medida que o indivíduo vai subindo na escala da evolução, o grau das provas que passa a sofrer também se modifica, tendo em vista que não precisa mais vivenciar determinadas situações, comumente colocadas em pauta para Espíritos menos adiantados.

Enquanto que para os mais evoluídos as tentações sugeridas são sempre de ordem moral, para os que estacionam ainda na infância espiritual, elas, na maioria das vezes, acodem às necessidades materiais de sobrevivência ou de domínio físico do outro. Eis porque o espírito maligno, ao tentar Jesus no deserto[26], não encontrou guarida em seu coração já evoluído, que rejeitou todas as

---

[26]**Nota da Editora:** Mateus 4, 1 a 11; Marcos 1, 12 a 13; Lucas 4, 1 a 13.

ofertas de satisfação do corpo e do poder temporal do mundo, valores estes que já não fascinam as almas adiantadas, que é o caso de Nosso Senhor.

Cabe a cada um de nós, portanto, ficarmos atentos quanto às sugestões que se nos apresentam na vida, quando é necessária sempre a utilização da prudência e da reflexão, antes de tomarmos decisões que possam ser inspiradas por tentações. A súplica da oração dominical é sempre mais eficiente quando nos acostumamos a parar e meditar antes de nos decidirmos por este ou aquele caminho a seguir.

O grande problema do homem comum, entretanto, é que lhe falta o hábito de auscultar a sua consciência e de se comunicar com Deus pela prece, oportunidade em que invariavelmente o céu irá lhe sugerir o melhor caminho a trilhar no momento da decisão duvidosa. Poder decidir os rumos da própria existência é atributo espiritual que todos temos, mas somente os que se colocam em posição de humildade perante Deus, reconhecendo que Dele necessitam para a orientação certa e segura nas decisões da vida, saberão fugir às tentações perniciosas do mundo. O próprio Cristo habitualmente orava para se manter sempre em comunhão com o Pai, mesmo a despeito de sua evolução espiritual, em uma demonstração clara dessa necessidade que temos de nos reconhecer-mos humílimos perante o Criador.

A queda diante das tentações que se nos apresentam é sempre derivada do grau do autoconhecimento que possuímos e da cons-ciência mais ou menos elevada de nosso papel transformador no mundo, o qual, por sua vez, conquistamos à medida que ascendemos rumo à perfeição a que estamos destinados. Nessa caminhada, não existe ainda melhor

"...Não nos deixes cair em tentação..."

roteiro que o contido nas páginas do Evangelho de Jesus, que é o manancial de iluminação de que precisamos para vencer as tentações que sempre habitam nossos corações e que somente nós mesmos podemos combater. Nos ensinos de Jesus, encontramos a bengala que não nos deixará cair nas teias ilusórias das paixões, pelo egoísmo, pelo orgulho, pela cupidez, pela avareza e pelos vícios de toda espécie, que são as constantes provas que ainda temos de experimentar no mundo.

Então, se hoje levantas os olhos ao céu rogando a Deus que não te deixe cair em tentação, reflete nas tuas atitudes diárias e medita sobre os esforços que tens empregado para fortalecer a tua vontade de combater as tuas más inclinações[27]. Percebe se já consegues reconhecer como danoso aquele

---

[27] **Nota da Editora:** ver a questão 909, de O Livro dos Espíritos.

vício material ou moral que possuis, para que possas dar o primeiro passo em extirpá-lo de tua alma, com o sacrifício dos teus interesses, único meio pelo qual o céu poderá te ajudar[28].

Lembra-te de que o próprio Cristo rogou forças ao Pai diante das tentações, mas nem por isso obteve graças da misericórdia divina sem o respectivo testemunho. Caminha, assim, adiante, na certeza de que tu mesmo és o responsável por criar os mecanismos que atraem ou repelem as tentações na tua vida, ajudando ou prejudicando a tua caminhada, e que sempre terás Deus a não te deixar cair, desde que assim tu queiras.

---

[28] **Nota da Editora:** ver o capítulo XXV, item 2, de O Evangelho Segundo o Espiritismo.

"...Mas livra-nos
do mal..."

O mal é criação do homem quando este se afasta do amor de Deus[29]. Jesus, ao enunciar essa súplica ao Pai, utiliza o termo relativo à liberdade, não no sentido de que a Providência Divina opere "milagrosamente", indo de encontro ao livre-arbítrio do homem, mas sim de que Deus ofereça as condições de fortalecimento da coragem e da fé necessárias para que o indivíduo resista tanto ao envolvimento quanto à prática do mal.

Vale lembrar que é o próprio homem quem tece as suas teias ilusórias, e acaba nelas se retendo e atraindo seus afins, em uma atmosfera espiritual própria para que o mal prevaleça. Deus, nesse caso, oferece-lhe caminhos a seguir, dá-lhe assistência

---

[29] **Nota da Editora:** ver o capítulo III, item 6, de A Gênese.

O Pai Nosso

espiritual, faz-lhe abrir os olhos para a Verdade, mas cabe somente ao homem o derradeiro ato em favor de sua própria liberdade, para desatar-se do mal que ele mesmo criou[30].

Ademais, o mal é sempre relativo ao grau de adiantamento do Espírito[31], pois o que pode ser entendido como mal para uns, é remédio necessário para outros, no cumprimento da lei de causa e efeito[32], que é mecanismo divino de ajuste espiritual da criatura. Por isso, se hoje enganamos, é possível que amanhã venhamos a sofrer com a dissimulação de outrem para conosco, e pensaremos que estamos sendo vítimas da maldade, quando, em verdade, estamos vivendo o nosso momento de prestação de contas com a lei de Deus.

---

[30] **Nota da Editora:** ver o capítulo III, item 7, de A Gênese.

[31] **Nota da Editora:** ver o capítulo I, parte 2ª, item 100, de O Livro dos Espíritos.

[32] **Nota da Editora:** ver o capítulo V, item 6, de O Evangelho Segundo o Espiritismo.

Dessa forma, vemos muitos irmãos aguardando a proteção do Senhor, quando nada fazem para merecê-la, como se Deus estivesse sempre à disposição da segurança particular de cada um. Como exigirmos do Senhor a proteção contra a violência do mundo, se com nossos semelhantes somos carrascos, seja com palavras, com atos ou com pensamentos? Como querermos que Deus nos proteja a riqueza contra os ladrões do mundo, se esta riqueza, por sua vez, foi amealhada em detrimento de outrem ou da sociedade em que vivemos? De que forma o Criador pode atender ao pedido daquele que sofre com a obsessão espiritual, se o próprio obsedado se compraz em se manter conectado com as forças do mal pelos vícios e pelas paixões mundanas? Deve lembrar o homem que as leis de Deus são imutáveis para que a criação viva em harmonia. De fato, poderia Deus, se assim desejasse, operar "milagrosamente" dessa ou daquela maneira, em favor desse ou daquele indivíduo, mas assim não o faz porque Ele criou todos nós não para que sejamos máquinas controladas, mas sim Espíritos dotados da capacidade de decidir os nossos destinos, que serão sempre ditosos ou sofridos, bons ou maus, de acordo com as escolhas que fizermos.

Na noite memorável em que Jesus orava no Getsêmani, quando suplicou a Deus que não lhe permitisse tomar do cálice da maldade dos homens[33], ali o Mestre Divino exemplificou que todos podemos pedir ao Senhor o que desejarmos, mas que somente recebemos aquilo que estiver determinado em seus desígnios. Jesus não tinha o que expiar, entretanto, a sua missão divina deveria ser cumprida, para que nós, hoje, pudéssemos ter esse farol que nos ilumina os caminhos, que é o Evangelho do Cristo. Em toda a sua vida na

---

[33] **Nota da Editora:** Lucas 22, 42.

Terra, conviveu Jesus com a maldade do mundo, mas nem por isso Ele a ela cedeu, exemplificando qual o comportamento que devemos adotar quando o mal nos acercar.

Se hoje caminhas no mundo em busca de te livrares do mal que te faz sofrer, pensa nos teus hábitos diários e reflete no que tu tens feito em favor da tua libertação. Lembra-te de que Deus está sempre a te indicar caminhos seguros e felizes para que tu O sigas em paz, mas depende somente de ti a decisão de dar o primeiro passo. Trabalha, portanto, pela tua própria segurança, agindo no bem e para o bem, reconhecendo que quanto mais realizares em favor dos irmãos que te cercam a existência, mais construirás uma fortaleza segura ao teu redor, sob a proteção de Deus.

"...Assim seja!"

Tudo o que suplicarmos, todos os louvores e agradecimentos por nós desenvolvidos em uma prece sincera recheada de verdade chegarão mais facilmente ao Pai do céu quando nos colocarmos em posição humilde, de filhos aprendizes e de almas imperfeitas que somos, mas esperançosos da proteção de Deus para o necessário ajuste na vida. A oração constante é exercício de intercâmbio com o Alto, e tão mais eficaz ela será quanto mais sincera ela for.

De que vale para nós rechearmos nossas preces de palavras eruditas e belas, de promessas sublimes, de súplicas caridosas ou de agradecimentos sentidos, se depois, em nosso cotidiano, agimos contra tudo o que falamos no intercâmbio divino? Mais vale a ação praticada no bem, em favor do outro, que mil palavras de intenções que nunca saem do campo teórico.

Ao finalizar as nossas preces com o simples "assim seja", não voltemos às tradições milenares das palavras repetidas, sem emoção e sem a meditação do seu sentido, mas saibamos que a singela expressão representa o nosso reconhecimento de que, com o nosso esforço constante, trabalhará o Senhor para que nossas súplicas se realizem, na medida de nossas necessidades e de nosso merecimento. Quantos de nós ainda nos voltamos ao Senhor com palavras decoradas, repetindo-as diariamente em uma disciplina louvável, mas quase sempre despida de sentimento sincero, não obstante as boas intenções de cumprir uma obrigação da consciência ainda arraigada às fórmulas sacramentais? O próprio Jesus nos ensinou que mais valem poucas palavras sinceras e humildes, que a explanação de teses de louvação e súplicas ocas em sentimentos, apenas como hábito diário e obrigatório[34].

O "assim seja" é sempre a confirmação de nossas intenções e compromissos assumidos na prece. Que seja o teu nome santificado todas as vezes que eu me esforçar para santificá-lo em ações nobres; que seja feita a tua vontade em todos os lugares onde eu estiver praticando o bem; que venha a nós o teu reino no momento em que eu decida perdoar, ajudar e amar o meu irmão; que o pão não nos falte quando trabalhamos para que ele seja produzido com nosso suor; que sejamos perdoados na medida em que perdoamos; que seja a nós concedida a bênção da proteção do mal toda vez que nossos corações estiverem envolvidos com o bem; que assim sejam santificados os nossos compromissos e as nossas intenções, que

---

[34] **Nota da Editora:** Mateus 6, 7.

serão sempre ouvidas por Deus mais facilmente, se em seguida as confirmarmos com as respectivas ações em favor de nosso próximo.

Se hoje te acostumaste a pedir sem parar para refletir no que pedes, aproveita os minutos santos da prece para meditares, palavra por palavra, sobre o que sai da tua boca. Compara as tuas súplicas com o que tens realizado e reflete se ages com a congruência necessária, para que te apresentes diante do Senhor com a consciência tranquila. Se, ao final, chegares à conclusão de que tu mesmo não compreendes o que pedes e de que as tuas ações do dia não refletem as tuas intenções oracionais, trabalha em favor de ti, na ação no bem em favor do teu irmão.

Dessa forma, Deus estará te ouvindo mais claramente e atenderá os teus pedidos sinceros e justos, pois que tu já estarás apto a ser merecedor das bênçãos do céu, pelo amor que distribuis aos que te cercam, o que, em verdade, é a melhor e mais eficaz oração que podemos elevar ao Criador.

GALIENO
Marcellus Campêlo/Joel

14x21 cm | 242 páginas | Biografia | ISBN 978-85-65300-00-1

Nesta trama que humildemente apresentamos como registro, revivemos a saga da vida de conflitos íntimos que o jovem imperador Galieno vivia. Na oportunidade que teve de redimir-se para a luz de Jesus, através do convívio com o pregador cristão Domênico Lúcio, com quem compartilhou alguns anos nas Gálias, Galieno simboliza o homem que diante do poder e de suas próprias fraquezas, tem a chance de encurtar séculos de dores e sofrimentos, remédios necessários à cura da alma renitente.

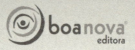

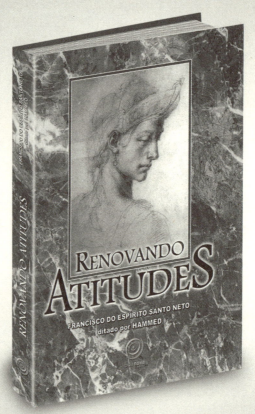

RENOVANDO ATITUDES
Francisco do Espírito Santo Neto/Hammed
Filosófico | 14x21 cm | 248 páginas | ISBN 978-85-99772-61-4

Elaborado a partir do estudo e análise de 'O Evangelho Segundo o Espiritismo', o autor espiritual Hammed afirma que somente podemos nos transformar até onde conseguirmo nos perceber. Ensina-nos como ampliar a consciência, sobretudo através da análise das emoções e sentimentos, incentivando-nos a modificar os nossos comportamentos inadequados e a assumir a responsabilidade pela nossa própria vida.

ROTEIRO SISTEMATIZADO
para estudo do livro "O Evangelho Segundo o Espiritismo"

4x21 cm | 440 páginas | Estudo das Obras Básicas | ISBN 85-86470-37-6

Esta obra propõe um direcionamento para o estudo do Evangelho e a unificação do conteúdo interpretativo das palavras de Jesus, garantindo assim que todos os envolvidos nessa tarefa - dirigentes e participantes - estudem o mesmo assunto sob uma ótica comum. Constitui uma contribuição importante para todos aqueles que querem facilitar sua transformação íntima ou aprimorar-se espiritualmente.

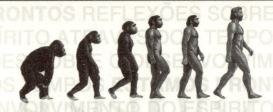

ESTAMOS PRONTOS
Reflexões sobre o desenvolvimento do espírito através dos tempos

Francisco do Espírito Santo Neto ditado por **Hammed**

Mais uma vez Hammed apresenta estudo esclarecedor e franco sobre raízes da conduta humana. Diz o au espiritual: "A moralidade nos v naturalmente. É um equívoco acred que o código de valores morais do hom surgiu do nada, ou que é fruto apenas heranças culturais, legados de anti crenças, costumes ancestrais, tradiç religiosas e filosóficas, ou mesmo relatos mitológicos orientais e ocident Foi a Natureza que criou as bases par vida em sociedade exatamente com conhecemos, e não o homem. O humano só aprimorou algo que constava em germe em seu foro íntim Nesse estudo, a busca de no ancestralidade sob a ótica do Espiritis e de recentes pesquisas científicas ate o porquê de muitos de nos comportamentos da atualidade.

Filosófico | 14x21 cm | 240 páginas
ISBN: 978-85-99772-87-4

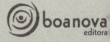

Na editoração desta obra,
foi utilizado como fonte padrão
Garamond, tamanho 15,
capa em papel Cartão PopLar 250 g/m^2,
miolo em papel Norbrite Bulk 66 g/m^2

sistema de impressão em off-set

Impressão e acabamento: Yangraf Gráfica e Editora